ADMIRAL MAUS

von Bernard Stone
mit Bildern von Tony Ross

Verlag an der
ESTE

Für Klaus und Pierre

Deutsche Erstausgabe
Lizenzausgabe des Verlags an der Este, Buxtehude
Die Originalausgabe erschien 1981 unter dem Titel:
"The Tale of Admiral Mouse" by Andersen Press Ltd., London
Text © 1981 by Bernard Stone. Illustration © 1981 by Tony Ross.
© der deutschsprachigen Fassung:
Verlag an der Este, Buxtehude, 1987
Aus dem Englischen von G. G. Wienert
Alle Rechte dieser Ausgabe vorbehalten durch
Verlag an der Este, Buxtehude
Schrift: ITC Clearface
Satzherstellung: Utesch Satztechnik GmbH, Hamburg
Gesamtherstellung: Grafiche AZ, Verona
Printed in Italy

ISBN 3-926616-01-6

Eines Abends ging Tom Tiddler mit seinem Großvater am Strand spazieren. Dort fand er ein prächtiges kleines Schiff im Sand.
„Darf ich es mit nach Hause nehmen?" fragte er seinen Großvater.
„Besser nicht", antwortete sein Großvater lächelnd, denn er kannte sich aus auf See. „Es könnte jemandem gehören. Halt es ans Ohr und horch, wie der Wind in der Takelage singt. Der Wind wird dir die Geschichte des Schiffes erzählen." Tom hielt sich das Schiff ans Ohr, und es erzählte ihm eine wundersame Geschichte.

An einem schreckensvollen Tag, vor langen Jahren, beschlossen die englischen und die französischen Mäuse, sich gegenseitig ihre Käse zu rauben. Die französischen Mäuse erklärten alle englischen Käse – sei es nun Cheddar oder Stilton – zu ihrem Eigentum. Die englischen Mäuse wiederum erklärten, ihnen gehörten alle französischen Käse vom Brie bis zum Camembert. Werber wurden ausgeschickt, um Matrosen zur Verteidigung der Käse anzuheuern.

In England verabschiedeten sich alle Seeleute voll
Kummer von ihren Frauen und Herzliebsten und
gingen an Bord ihrer Schiffe, die in einer Bucht vor
Anker lagen.
Nur eine Maus weigerte sich, verlassen zu werden:
Molly Maus, die zierliche Frau des tapferen
Leutnants Herkules. Als Seemann verkleidet wollte
sie ihren Gatten begleiten und ihm in der
bevorstehenden Schlacht zur Seite stehen.
An Bord der Schiffe ging alles drunter und drüber.
Keine Maus fand sich, die Flotte anzuführen. Keine
Maus hatte einen Plan, wie man den Feind besiegen
könne. Die stolzen Schiffe lagen nutzlos in der
Bucht.

Plötzlich erschien ein Schiff am Horizont. Langsam glitt es längsseits der anderen Schiffe. Wer mochte das wohl sein? Ein donnerndes Hurra erscholl. Es war Admiral Horatio Maus, der Held zahlloser Seeschlachten. Er war gekommen, das Kommando zu übernehmen. Er würde sie gegen ihre Feinde führen.

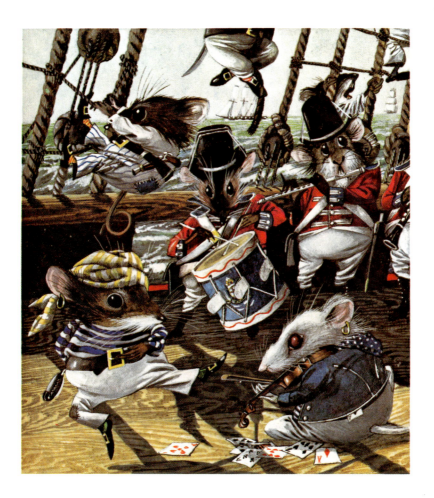

In dieser Nacht wurde auf allen
Schiffen die Ankunft des Admirals
gefeiert. Die Matrosen tanzten
bis in den frühen Morgen.

Am folgenden Morgen befahl Admiral Maus die vier wichtigsten Kapitäne zu sich. Eine kleine Maus ruderte sie über das unruhige Wasser zu seinem Flaggschiff.

Admiral Maus erläuterte ihnen einen glänzenden Schlachtplan. Er wollte seine Flotte teilen und den Feind zwischen den beiden Hälften in die Falle locken. Es riß ihn vor Begeisterung von seinem Stuhl, und er rief:
„Wir werden den Franzmann auf See verhauen,
ihn lehren, uns unseren Käse zu klauen!
Mögen sie aus Paris, Calais oder Nizza kommen,
in Kürze haben wir ihren Käse genommen."

Am selben Tag setzten die Schiffe Segel. Admiral Maus führte die Flotte. Nach vier Tagen auf hoher See erspähte Leutnant Herkules Maus an Bord der voraussegelnden Fregatte den Feind. Molly stand neben ihm, als er Admiral Horatio signalisierte: F-E-I-N-D V-E-R-L-Ä-S-S-T H-A-F-E-N + S-Ü-D-L-I-C-H-E-R W-I-N-D + R-I-E-C-H-E I-H-R-E K-Ä-S-E.

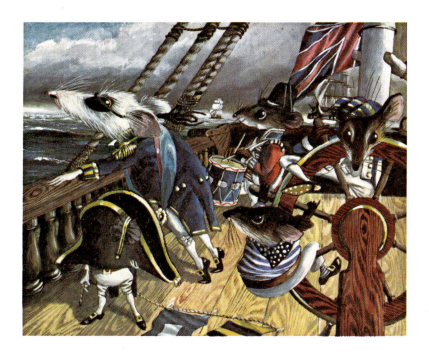

Admiral Maus streckte die Nase in den Wind. Auch er konnte die Käse riechen. Brie und Roquefort aus Frankreich. Burgos, Manchego und Cabrales aus Spanien. Er befahl: F-E-R-T-I-G-M-A-C-H-E-N Z-U-R S-C-H-L-A-C-H-T.

Die englische Flotte näherte sich den feindlichen Linien. Es war der 21.Oktober, zwölf Uhr mittags, als Horatio Maus seinen Männern diese Ansprache hielt:
„England erwartet, daß jede Maus ihre Pflicht tut, also –
Erobert mir tapfer den Brie,
den Camembert und den Ervy,
und jeden Käs', der Löcher hat!
Eßt euch in Franzmanns Lagern satt!"

Doch Admiral Pierre Maus, der französische Oberkommandierende, der roch, wie sich die englischen Käse näherten, hatte andere Vorstellungen. Er befahl seinen Männern:
„Sie sollen hier nicht durchkommen, also –
Attackiert den fetten Gloucester,
den blauen Stilton, den roten Leicester!
Laßt Horatios Männer schlecht aussehen,
mit Maus und Käse untergehen!"

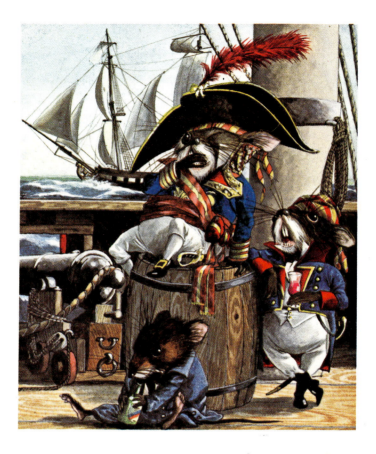

Hinter den Franzosen dümpelten ihre spanischen Verbündeten. Sie waren ziemlich spät aufgestanden. Die Ansprache von Admiral Santa Ana Maus an seine Männer wurde von lautem Gähnen unterbrochen:
„Auf Männer! Wir wollen englischen Käse reiben (gähn).
Vernichtet ihn, wie's euch immer gefällt (gähn).
Es soll kein Krümel übrigbleiben (gähn).
Kämpft für Spaniens Ruhm in der Welt (gähn)."

Auf allen Schiffen wurden Kanonen ausgefahren.
Die größten auf dem Unterdeck, die leichteren
auf dem Mitteldeck und die leichtesten auf dem
Oberdeck. Admiral Horatio befahl, die erste
Kanone abzufeuern.

Die nun ausbrechende Schlacht war die heftigste, an die irgendeine Maus sich je erinnern konnte. Erst schienen die Engländer zu siegen. Dann gewannen die Franzosen und Spanier die Oberhand. Auf beiden Seiten vollbrachten die Matrosen Heldentaten von großem Mut und beispielloser Tapferkeit.

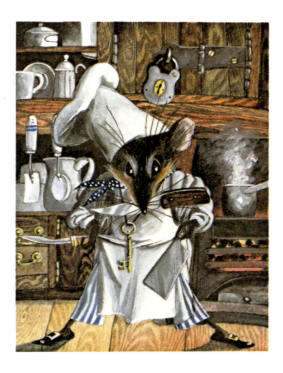

Die Lage war verzweifelt. Admiral Horatio befahl jede Maus an Deck. Sogar der Smutje sicherte seine Speisekammer mit einem Vorhängeschloß und kam bis an die Zähne bewaffnet an Deck.

Einen schrecklichen Augenblick lang schien es, als sei Admiral Horatio Maus verloren. Eine Kanonenkugel schlug durch die Bordwand seines Schiffes. Nur die Geistesgegenwart eines Kapitäns rettete ihn.
„Spring!" schrie der Kapitän, und um Haaresbreite entwischten beide der Kugel.

Eine kleine Maus wurde im Eifer des Gefechtes naß bis auf die Haut. Ein Eimer Wasser, mit dem eigentlich der Kanonenlauf gekühlt werden sollte, wurde ihr über den Kopf gestülpt.

Dann, auf dem Höhepunkt der Schlacht, erschütterte ein gewaltiges Beben die Schiffe. Ein fürchterlicher Sturm erhob sich. Die Schiffe schlingerten und rollten. Niemand hatte mehr Zeit, sich um die Schlacht zu kümmern. Alle Schiffe erlitten Schiffbruch, und die Seeleute wurden ins Meer geworfen.

In den tobenden Wassern klammerten sich die Mäuse verzweifelt an die Überreste der Schiffe. Die schreckliche Schlacht war vergessen, als Freund und Feind einander beistanden. Spanische und französische Mäuse halfen englischen Mäusen. Englische Mäuse halfen französischen und spanischen.

Der tapfere Leutnant
Herkules erwischte ein Faß
eines spanischen Schiffes.
Unerschrocken steuerten er
und Molly es rittlings
durch die wütende See.

Für die verzweifelten Seeleute schien alle Hoffnung verloren. Da erschien plötzlich ein Segel am Horizont. Es war Handelsschiffahrts-Kapitän Maus, der mit seinem sturmerprobten Schiff auf sie zuhielt. Mutig ließen er und seine Mannschaft ihre Rettungsboote zu Wasser und retteten alle, Maus für Maus, aus dem Meer.

An Bord des Schiffes von Handelsschiffahrts-Kapitän Maus
wurden die drei Admirale sofort in die Kapitänskajüte
geführt. Sie bekamen warme Tücher. Delikateste
Käsestücke wurden ihnen serviert. Als sie so beisammen-
saßen und ihre Füße in heißem Senfsamen-Wasser
badeten, begannen sie darüber nachzudenken, wieviel
bequemer für sie der Frieden wäre als der Krieg.
Admiral Horatio erhob sich und ergriff für alle das Wort:
„Laßt uns alle Zwietracht auf See begraben,
und jeden am eigenen Käse sich laben.
Schlachten sind dumm und bringen nur Jammer.
Heim in die eigene Speisekammer!"

Dann hob er sein Glas:
„Hatschi!" nießte er. „Auf Ihre Gesundheit, meine Herren!"
„Hatschi! Salut!" erwiderte Admiral Pierre.
„Hatschi! Felicidad!" echote der spanische Admiral Santa Ana.
Damit stießen sie auf Admiral Horatios Trinkspruch an.
Und am Ufer des Meeres drückte Tom Tiddler sein Ohr etwas dichter an das kleine Schiff. Er konnte gerade noch das Klingen der Gläser vernehmen, ehe der Wind sich legte.